AF359993

ABREGÉ HISTORIQUE

DE
L'ORIGINE ET DES PROGREZ

DE LA
GRAVURE

ET DES
ESTAMPES EN BOIS,

ET EN
TAILLE DOUCE.

PAR

Mr. le Major (Humbert)

A BERLIN,

CHEZ HAUDE & SPENER,

LIBRAIRES DU ROI ET DE L'ACADEMIE,

1752.

A MONSIEUR LE COMTE ALGAROTTI

CHAMBELLAN DU ROI, CHEVALIER DE L'ORDRE POUR LE MERITE, HONORAIRE DE L'ACADEMIE DES SIENCES A BERLIN &c.

MONSIEUR.

J'ay l'honneur de vous presenter une petite Histoire abregée des principaux Graveurs; j'y developpe en même tems, aussi bien qu'il m'a été possible, l'origine & les Progrez de la Gravure. Cette matiere, Monsieur, a été à differentes reprises le sujet de nos Entretiens, c'est un Titre qui m'oblige à vous offrir ce petit ouvrage preferablement à tout autre. Je n'avancerai rien d'outrè, rien qui sente une flatterie interessée, quand je dirai, Monsieur, que vous connoissez tout le

fin

fin des beaux arts, que cette connoif-
fance vous met en état d'en parler avec
goût. Si mes conjeƈtures ont le bonheur
de fe rencontrer avec les vôtres ; cette
heureufe rencontre me garantit les fuf-
frages du Public, aujourd'hui bien de-
licat & bien êclairè, les Conjeƈtures
Avanturèes ne font plus de mode, il
faut du demontrè & du folide. Il y a,
Monfieur, encore un motif qui doit ju-
ftifier mon Epitre dedicatoire, & m'attirer fur cet Article l'approbation du
Public, c'eft que je fens une fecrete
joye de pouvoir lui faire connoitre le
fincere attachement, & la refpeƈtueu-
fe confideration avec lesquels je ferai
toujours.

MONSIEUR

Berlin à 30. Nov.
1752.

Vôtre très-humble & très
obeïffant Serviteur.

de HUMBERT.

ABREGÉ
HISTORIQUE
DE LA
GRAVÚRE. &c.

Jl eſt ſurprenant que les Anciens qui ont gravé tant d'excellentes choſes ſur les Pierres dures & ſur les Criſtaux, qui ont même pouſſé la Peinture à un aſſez haut point de perfection, n'aient cependant eu aucune jdée de la Taille en bois & de la Gravúre ſur le cuivre. Ces deux belles Inventions étoient reſervées à l'heureux ſiecle, qui a vû naître l'Imprimerie; (a) c'eſt cet art qui en eſt

A 3   comme

_____

(a) On en place la naiſſance vers l'an 1440.

comme la Mere, fur tout de la Taille en bois ; puisque les premiers Tipes, dont on s'eſt ſervi pour imprimer des Livres n'e- toient que des lettres taillées en bois, & ornées d'arabesques & autres figures, de la Taille de lettres ornées, à la Taille de pluſieurs figures, il n'y à qu'un pas; j'en dis déja aſſez pour inſinuer qu'on doit cher- cher l'origine de la Taille en bois en alle- magne, puisque c'eſt ce Païs, fertile en In- ventions qui certainement à donnè la naiſ- ſance à l'Imprimerie, mais il eſt impoſſible d'en aſſigner poſitivement le premier In- venteur. Quelques Auteurs qui ont attri- bué à *Laurent Coſter* l'Invention de l'Im- primerie, ont aſſuré qu'avant cette Inven- tion il avoit été Graveur en bois, c'eſt une ſuppoſition, puis qu'on ne ſauroit le prou- ver; *Mr. Köhler* Profeſſeur à Göttingen à demontré dans un Ouvrage allemand, dont on peut voir l'endroit dans la *Nouvelle Biblioth. German. Tom. 2. 1746.* que *Gut- tenberg* autrement nommé *Gänſefleiſch,* eſt en tout le veritable Inventeur de l'Im- primerie. *Coſter* depouillé de la qualité d'Inventeur de l'Imprimerie, on peut auſſi lui ôter celle d'Inventeur de la Taille en bois, on n'a aucune preuve pour lui aſſurer ces deux Inventions.

J'ai

J'ai dit qu'il falloit chercher l'origine de la Taille en bois en allemagne, jufqu'à prefent nous pouvons en attribüer la gloire à la Ville de Nurenberg, la preuve en eft facile à donner, c'eft que les plus anciennes pieces connües font de cette Ville, fi celebre par plufieurs Artiftes.   Je fai bien que quelques Italiens attribüent l'Invention de la Taille en bois (b) à *Hugo da Carpi* Peintre de leur nation ; ce *Carpi* eft reprefenté par plufieurs Auteurs comme un Genie à la verité fort inventif, mais d'une capacité mediocre pour l'execution.   D'autres attribüent l'honneur de l'invention à un Orfevre de Florence nommé *Mafo Finiguerra*, qui gravoit fur fes Ouvrages, & qui en les moulant avec du fouffre fondu, s'apercut que ce qui fortoit du moule marquoit dans ces Empraintes les mêmes chofes que la Gravure, par le moien du noir, que le fouffre avoit tiré des Tailles.   Il effaïa d'en faire autant fur des bandes d'argent avec du papier humide, en paffant un rouleau bien uni par deffus, ce qui lui reuffit.   Un orfeure de la méme Ville nommé *Boccio Baldini* tenta la méme chofe, & le

A 4

fuc-

(b) Gegio Vafari, le vite de più excellenti Pttori, Fiorenza 1568. in 4to. 3 vol.

fuccez, luit fit graver plufieurs Planches du deffein de *Sandro Boticello*, & fur ces Epreuves *Andrè Manteigne*, qui ètoit à Rome, fe mit auffi à graver fur des planches d'Etain plufieurs chofes d'après fes deffeins, ceft lui proprement que les Italiens font l'Inventeur de la Gravure au Burin pour les (c) Eftampes. Plufieurs francois, comme *Felibien*, *de Piles*, *Florent le Comte*, *Monier*, & autres ont adopté ces Sentiments.

Il eft furprenant que d'auffi habiles gens foient tombez dans cette erreur ; ne feroit ce pas un effet de la prevention, qu'on a eüe

(c) *Eftampe*, de l'Italien *Stampare*, qui veut dire imprimer. Les Peintres nomment Eftampes toutes les pieces gravées à l'Eau forte, au Burin & en Bois. Les Marchands & le vulgaire les appellent Images, & celles qui font fur le cuivre *Taille douces*. *Felibien Diction. des Termes des Arts* 4. Je dirai ici un mot fur la maniere dont fe fait la Taille en bois, & la Gravure fur cuivre. Pour ce qui concerne la Taille en bois, voici comment elle fe fait, lorsque l'on à deffiné ou calqué fur la Planche qui eft ordinairement de Poirier ou de Buis, ce que l'on veut graver, le dit Deffein marqué fur la planche tout ce qui doit etre épargué, pour le refte on la coupe & l'enleve delicatement : on agit differement, l'orfqu'on à marqué fur le cuivre les Contours de ce que l'on veut réprefenter, alors on grave en creux avec le Burin.

eüe pendant un certain tems contre les allemans ? Rien de plus facile, que de se de-
sabuser sur ce point, puisque les Cabinets
des curieux fourmillent de Pieces gravées
de l'une & de l'autre maniere, & qui ont
paru avant qu'on ait parlé de tous ces habiles Italiens sus mentionnés, disons en particulier un mot de *Carpi* cela nous fera connoitre des Graveurs allemands certainement de beaucoup anterieurs aux Italiens.
Albert Durer, célébre Peintre, Sculpteur
& Graveur de Nurenberg à précedé ledit
Carpi; en voici la preuve, ce dernier à été
Disciple *de Raphael d'Urbin* lequel (d) est né
en 1483. & *Albert Durer* au contraire a vû
le jour l'an 1471. & est mort l'an 1528; il
a donc travaillé avant *Carpi* une Bible al-
lemande publiée à Nurenberg in folio par
Antoine Koburger en 1483. empêche certainement d'attribuer à l'Italie cette belle Invention; cette Bible à present tres rare est
remplie de Tailles en bois; indiquons en quelques unes, pour faire connoitre le Genie des
Graveurs de ce tems, & de leur connoissance dans l'Histoire, le serpent Tentateur a une
Tête de femme avec une grande chevelure;
le graveur connoissoit sans doute le pouvoir
du sexe & de ses charmes; le Paradis terrestre

A 5

est

(d) *Lesser* Typographia Triumphans. pag. 210.

eſt ceint de Tours & de Murailles; pres d'A-
braham qui va immoler ſon fils, on y voit
un Moulin à vent; les Hommes qui portent le corps mort du Patriarche Jacob ſont
en habits de moines.   Tel eſt encore un
Livre intitulé *Speygel des Dogade*, que *Bar-
thelemi Ghotan* a publié à Lubec l'en 1485.
entre autres figures on y voit Jeſus Chriſt qui
enſeigne à ſes Diſciples la maniere de reci-
ter le Chapelet.   Un Peintre ou un Graveur ignorant dans l'hiſtoire, dans les Cou-
tumes & dans les habillemens des differentes Nations de l'antiquité ne peut que donner dans le ridicule; combien ne voit-on
pas de vielles Eſtampes, qui répreſentent
des Juifs habillés à la Romaine; revenons
de nôtre digreſſion, & continuons à indi-
diquer des Ouvrages, dont les Tailles en
bois ont certainement precedé les premieres
Eſtampes de l'Italie ; tels ſont premierement un Ouvrage intitulé *de vita Chriſti*
imprimé à Augsbourg par *Antoine Sorg* l'an
1476. & un autre intitulé *Plenerium* imprimé la même année dans la même ville, par
Jean Bemler, ces deux ouvrages ſont pleins
de Taille en bois, à la verité très mal deſ-
ſinées, & ou les figures reſſemblent autant à des ſinges ou à des chats, qu'à des
figures humaines, mais enfin ce ſont des
Tailles

Tailles en bois, publié avant celles de l'Italie ; j'aurois presque oublie de parler du maître *d'Albert Durer*, nommè *Michel Wohlgemuth*, il paſſoit pour bon maître, & avec le ſecours de *Guillaume Pleydenwurfs*, il à fait les figures qui ſe trouvent dans *Scheidel Liber Chronicarum*. Je remarquerai ici en paſſant après d'autres ſavans, qu'un celebre Theologien mort à Dresden, nommè *Loeſcher*, a eu tort de ſoutenir que les premieres Taille en bois, ſont celles qui ont parües dans la Bible publiée à Augsbourg l'an 1480. J'évite dêtre poſitif ſans preuves ſans cela j'avancerois après d'autres que l'Inventeur de la Taille en bois, s'appelloit *Luprecht Rüſt*, qu'il a vecû vers l'an 1450 qu'il a eu pour Diſciple *Martin Schoen*, dont les Ouvrages ont paru entre 1460, & 1470 & qui eſt mort l'an 1486. mais les preuves manquent pour aſſurer l'invention à ce *Luprecht Rüſt*, quelques ſavans doutent méme qu'on puiſſe montrer de ſes Ouvrages. Diſons maintenant quelque choſe de plus poſitif ſur les Tailledouces, dont on a differentes ſortes, comme on le verra dans la ſuite. *Sandrat*, dans ſon (e) *Academie* de mon-

(e) Teutſche Academie der Bau- Bild und Mahlerey.

montre que les premieres Estampes *d'André Manteigne*, font de l'on 1505. les Italiens ont donc ici auffi tort de vouloir le faire envifager comme l'Inventeur de la Gravûre au Burin, puisque l'Allemagne fait voir de femblables Eftampes de beaucoup anterieurs, on en a avec cette marque I. V. M. il y a des Auteurs qui prétende que ces trois Lettres defignent *Ifrael von Mecheln*, ou *Mechen*, d'autres *Ifrael von Maintz*. On voit encore aujord'hui dans les Cabinets de quelque curieux *une Danfe devant Herode*, de fon Burin, on voit auffi des Ornemens de figures & Rinceaux de feuillages pour les orfevres, avec cette Infcription en vieux allemand *To Bocolt ift gemac in dem Bisdom von Monfter;* c'eft à dire, fait à Bocolt dans l'Eveché de Munfter, & plus bas il y a *If-rael*, il n'y a point de datte, mais les Vétemens & le goût font conjecturer avec fondement, qu'il a vecû en 1450.

Je poffede un grand in folio avec ce Titre bien bref en Lettres Gothiques. *Apocalipfis cum Figuris ;* il y a 14 Planches de Taille en bois de figures d'une grande beauté, avec

lerey-Künfte, &c. von Joachim von Sandrat, folio Nürenberg 1679. (le même en latin) *fub voce* Michel Wohlgemuth & feq.

avec cette marque W̶F̶ j'augure qu'elle sig-
nifie *Ifrael von Mechen fecit.* à la fin du Livre on y voit la datte de l'Impreffion & le
nom de l'Editeur dans ces termes: *Impref-*
fo argentine per Hieronimum Greff, dictum
Francfurder Pictorem, anno Chriftiano 1502.
cette datte ne concerne certainement que
l'edition de tout l'ouvrage & fur tout du
Difcours; il a fallu du tems pour graver les
15 grandes Planches; le Graveur avoit donc
déjamis mis la main à l'œuvre dans le fiecle
précedent.   On a lieu de foupconner qu'*Al-*
bert Durer avoit cet Ouvrage devant les
yeux, lorsqu'il a gravé fon *Apocalipfe* qui
eft dit-on dans le même format ; je n'ai
point ce dernier ouvrage pour debrouiller
ce fait par une confrontation, ce qui me le fait
foupconner, c'eft (g) qu' *Albert Durer*
a donné le même titre à fon ouvrage *Apoca-*
lipfis cum Figuris, il a fimplement ajoûté
une efpece de Vignette, qui répréfente la
Vierge dans les nües, & à la fin ces paroles; *Impreffa denuo Nurenberg per Albertum*
Durer Pictorem Anno 1511.   (h) *George*
Pafchius, Profeffeur de Kiel, attribüe l'In-
ven-

(g) Arend Gedechtnis Albert Durer, &c. Gos-
lar 1728. 12mo.
(h) De Inventis Nova Antiq. Cap. 7. pag. 793.

vention des Eſtampes à un Berger du Du-
ché de Bergen, qu'il nomme *Francois de
Bachold* ; *Iſrael de Mechen* & *Martin Stochi-
us* un des Maitres *d'Abert Durer* ont enſuite travaillé à perfeɛtioner cet Art : je trouve tout ceci confirmée par un (i) ſavant
cité en marge, qui appelle l'Inventeur *Bu-
cholt* au lieu de *Bocholt*, ce n'eſt pas d'au-
jourdhui qu'on a attribüé à des Bergers l'Invention de pluſieurs Arts & Metiers : *Va-
ſari* prétend qu' *André Manteigne* a pareillement gardè les Moutons dans ſa Jeuneſſe ;
en effet ils ne manquent point de loiſir pour
donner carrée à leur Imagination, & pour
s'appliquer à des Ouvrages qui demandent
de l'induſtrie & de la patience ; j'ai vû des
ouvrage de Sculpture de bois, faits tres
artiſtement par des Bergers.

Sandrat pour prouver qu'on a vû en Allemagne des Eſtampes beaucoup plutôt
qu'en Italie parle d'un *Ecce Homo*, d'une
Vierge & d'un St. Jean marquez d'un ·W.
D'un Vieillard qui careſſant une jeune fille,
celle ci fait gliſſer adroitement ſa main dans
ſa poche, cette pieçe eſt marquée ⋈ 1455
dans le même tems ont paru *Barthel Schön*
& *Glockenthom*, celui ci a gravé la Paſſion

en

(i) *Quadens* Herrlichkeit der Teutſchen Nation.
pag. 426.

on 12. morceaux. *Martin Zinck*, ou *Zafin-ger;* après ce detail il faut être dominé par un efprit de prévention, pour ne pas a-voüer qu'il y a eu en Allemagne differen-tes efpeces de Graveur avant qu'on pen-fat en Italie à *André Manteigne* & à *Marc Antoine.*

Dans ces tems on trouva auffi par le moien de plufieurs Planches de bois la ma-niere de faire des Eftampes de clair obfcur; *Vafari* a attribüé l'invention à *Hugo de Carpi,* l'an 1532. Mais *Sandrat* affure qu'on en avoit vu en Allemagne de noir ré-levè de blanc dés l'année 1503. & que peu de temps aprés on vit dans le mème goût *les Rois Ifrael* gravé par *Lucas de Leide;* nous avons déja fait voir que ce *Hugo de Carpi* étoit de beaucoup pofterieur à *Albert Du-rer.*

Une autre maniere de graver fur le cuivre, eft celle à l'eau forte, *Vafari* en attribüe l'invention au *Parmefan* Peintre Italien. M. (k) *de Piles* le dit auffi, mais non pas po-fitivement, ce n'eft qu'avec doute. *Il a gravé,* dit-il, *en bois de clair obfcur, quel-ques une de fes deffeins, & plufieurs à l'eau forte, ayant efié le premier qui ait mis en ufa-ges*

(k) *De Piles,* abregè de la vie des Peintrer, &c. Paris 1715. in 12mo. pag. 196.

ges cett forte de graveure, du moins en Italie.
Le (1) *Parmefau* eſt nè à Parme en 1504.
il ne peut avoir gravè avant 1530. & *Albert Durer*, qui eſt mort en 1526. avoit
long temps auparavant publié des Eſtampes
gravées à l'eau forte, il paroit même en
être l'auteur.   L'année de ſa mort ce grand
Artiſte, qui a inconteſtablement perfectioné la Gravure, tailla un poinçon de fer,
pour fraper une Medaille, qui d'un côté ré-
préſentoit le Portrait de Luther, & qui à
l'envers avoit ces Lettres D. M. L. 1526.
il s'apercût à la fabrique de ce (m) poin-
con, que le fer êtoit trop dur pour graver
des Eſtampes.   Dés l'an 1512. il avoit deja gravè à l'eau forte ſur une plaque d'Etain
un in 4to qui répréſente un ſaint Jerome
priant dans ſa caverne, & qui a ſon attri-
but à ſes pieds, à ſavoir un Lion qui dort,
mais ce morceau n'eſt pas des plus net; la
raiſon de ce peu de netteté vient de l'eau forte qui a trop penetrè & mangè dans l'êtain ;
aprés ces differentes épreuves, il a mis uti-
lement en oeuvre le cuivre rouge, en effet
ce metal eſt le plus convenable à la gravûre,
parce qu'il eſt moins aigre, par conſequent
meil-

(1) Son vrai nom eſt François Mazzoli.
(m) *Arend*, Gedachtnis Albèrt Dures. Art. 14.

meilleur, il eſt plus adherant au burin, c'eſt auſſi de lui qu'on s'eſt ſervi depuis ce temps là.

La maniere de graver à l'eau forte, eſt beaucoup plus expeditiſe qu'au burin, le travail en eſt auſſi plus beau dans les Païſages, parce que les Arbres & les Terraſſes y étant touchées avec plus de facilité, ils y paroiſſent plus naturelles, mais pour rendre ces morceaux plus accomplis, il faut quelque fois rétoucher avec le Burin des endroits qui n'ont pas aſſez de force, ou que l'eau forte n'a pas aſſez mangés. Si une Eſtampe à l'eau forte eſt de grande compoſition, elle ne fera jamais ſon effet ſans le ſecours du Burin, c'eſt de lui qu'elle aquiert un degrè de perfeċtion, ſur tout ſi le Burin eſt conduit par une habile main. Je conviens qu'il y a une maniere de graver à l'eau forte en uſage chez les Peintres, ſans le ſecours du Burin, c'eſt une façon pittoresque & de grande expreſſion, on en voit pluſieurs de *Rimbrant*, de *Van Vliet* de *Livius*, de *Carlo Maratti*, *Caſtiglione*, & d'autres mais ceux de Rimbrant les ſurpaſſent toutes.

La derniere maniere de graver ſur le Cuivre eſt d'une Invention plus nouvelle on l'appelle la *maniere noire*, en Italien

Mezzotinto, quand elle part de bonne main elle a ſes agrémens, elle convient parfaitement aux Portraits: ce qu'il y a de facheux dans cette maniere, c'eſt qu'une Planche peut à peine ſervir pour tirer une centaine de bons Exemplaires, & on ne ſauroit rafraichir la Planche comme dans les autres manieres. *Sandrat* nous apprend qu'on doit cette Invention, à un Lieutenant Colonel Heſſois nommé *Siegen*, lequel ſe voiant deſoeuvrè par une Paix, qu'on venoit de conclure, étant d'ailleurs bon Deſſinateur, homme de bon goût & grand ami des arts, il fit cette decouverte en 1648. il la communiqua au Prince Robert, Comte Palatin, qui ne negligea rien pour faire perfe+ioner cette decouverte, dans la ſuite *W. Vaillant*, & ſon Frere, tous deux Peintres de reputation, ont mis cette maniere en vogue, & ont enrichi le public d'un très grand nombre de Portraits, qui répréſentent des Perſonnes illuſtres, ils ont été ſuivis de *Blodeling*, de *Gohle*, de *P. Schenck*, tous Hollandois, qui ont publié d'aſſez bonnes pieces dans ce goût, les Anglais ont aſſez de penchant pour cette ſorte d'Eſtampes, il les ont même perfe+ionnés, nous en parlerons plus bas.

II

Il y a encore une maniere de graver fur le cuivre qui a commencé dans le 16 Siecle, au lieu de burin on fe fervoit d'un marteau pointu avec lequel on frapoit de petits points forts ou legers, fuivant que l'ombre exigoit de la force, & cette forte de gravûre fe nomme *Opus mallei* parmi les premiers que l'on voit de cette forte font d'un nommé *Paul Flynt* de Nuremberg de l'an 1592. de *Jerome Bang* de *Jean Eſtienne* ou *Iohann Stephanus* fils de *Charles Eſtienne de L'aune*, on voit un Portrait de 1580. avec cette Inſcription *Carolus Stephanus* ætatis 61 *Iohanne filio jnventore.* *Janus Lutma* à Amſterdam executa de cette maniere pluſieurs Portraits, entre autres celui du célèbre Poëte Hollandois *Vondel* & le fien propre qu'il fit en 1669. l'année de fa mort agè de 85 ans, c'eſt un chef d'oeuvre en ce genre, on y lit au bas *Poſteritati,* & fur la Plinthe du buſte *Janus Lutma* & plus bas *Opus mallei,* per Janum fecit.

Il y a outre cela une maniere, qui n'eſt pas commune, auſſi bien que la precedente; on peut l'appeller de *Marquetterie;* Les Eſtampes font gravées au Burin, mais au lieu de noir, on prend differentes couleurs, pour imiter les teintes naturelles. M. *Taylor,* Anglais de naiſſance, habile Ingenieur

de

de Frederic Guillaume le Grand, & son Commandant à Pillau, doit avoir contribüé à cette decouverte, ou au moins à la perfe:ctionnner : *P. Schenck* Graveur l'a mise en usage à Amsterdam ; je possede un Portefeuil plein de beaux morceaux dans ce goût, qui viennent *de Taylor*, il y a des figures humaines, des Animaux, des Fleurs, des Païsages, des morceaux d'architecteures qui font plaisir à la vüe, on a beaucoup negligé cette Invention; je n'en suis point surpris, l'application de differentes couleurs ne pouvoit se faire qu'avec peine, cette peine ne pouvoit que réhausser le prix des Estampes, ne pouvant donc les debiter, on a abandonné cette maniere, c'est dommage, peut être que cela fera plus de fortune à l'avenir, puisque l'on commence à la renouveller à Paris, ou le *Sr. Gauthier* Auteur des nouvelles Tables anatomiques qui font imprimés de quatre couleurs a reçu une Pension du Roi de 600. livres, il a publié sa maniere dans un Ouvrage intitulé, *Lettre concernant la nouvelle Art de graver & d'imprimer les Tableaux. 8vo.* 1749. il dit que le premier Inventeur est un nommmè *Lostman* qui a imprimé de cette sorte en Hollande en 1626. & qu'il a été suivi par *le Blond* à Francfort en main, qui a de beaucoup

coup perfectioné cette maniere quoi qu'il ne
se servoit que de trois couleurs, au lieu
qu'il s'en sert de quatre, qui sont l'ocre, le Ci-
nabre, le noir d'Ivoire & le Bleu de Berlin,
si M. *Gauthier* avoit vû ceux de *Taylor*, il
y auroit sans doute trouvé plus de quatre
couleurs, sur tout dans ses Païsages.

Depuis peu d'années on imprime en Allemagne, en Hollande & à Londres des E-
stampes colorées, mais elles ne sont point
comme les précedentes par hachures au
Burin, mais à la maniere noire, ce sont
proprement des Tableaux imprimez, avec
des couleurs à l'huile, quand cette sorte
d'Estampe est faite par une habile main, on
peut l'envisager comme le Miracle de l'Imprimerie, puis qu'en moins de cinq minu-
tes, une feuille de Papier blanc devient un
Tableau, dont le coloris approche de fort
près celui du pinceau, j'en possede une coup-
le où la nature est assez bien imitée. Je
suis tenté de croire, que les Estampes de
clair obscur, dont j'ai parlé ci dessus, ont
donnè lieu à inventer ces Estampes colorées.

La Gravûre en bois n'est pas aujourd'hui
si belle, qu'elle étoit autre fois, on ne voit
plus des Ouvriers capables d'executer des
Pieces, pareilles à celles d'un *Albert Durer*,

 d'un

d'un *Lucas Cranach*, d'un *Lucas de Leyde*;
la Gravûre en Cuivre eft beaucoup plus facile, & plus belle, c'en eft fans doute la
caufe. Il y a peu d'années qu'à Paris un
nommé *Papillon* a voulu rémettre ce travail
en vogue, mais il a été peu fuivi. Il faut cependant avoüer que les Planches en bois font
dans plufieurs rencontres d'un plus grand
ufage & beaucoup plus commodes que les
Plaques de Cuivre, fur tout lors qu'on imprime un Livre, qui demande des Ornemens ou des Eftampes dans le cours du Difcours, les Planches en bois peuvent fe ran-
ger avec les Tipes, & être imprimées en
même temps; au lieu que fi l'on grave fur
cuivre les dits ornemens ou les dites Eftampes, on ne peut les appliquer fur le papier,
qu'après l'impreffion du Texte, ce qui demande plus de peine & plus de dépenfe.

Donnons à préfent une Idée des principaux Graveurs, cela nous fera connoitre
plufieurs morceaux, qui meritent d'être
connus, nous verrons auffi les Progrés
qu'on a faits fucceftivement dans ce bel Art.
Je commencerai par *Albert Durer*, dont j'ai
dejà parlè, il eft inconteftablement le premier Graveur, qui a eu une belle réputation,

voici

voici le Jugement que (n) M. *Felibien* en a porté, c'eſt un fin & habile connoiſſeur qui va parler, *Albert Durer ne commença qu' à 27. ans à mettre ſes Ouvrages en Lumiere auſſi ne vit - on rien paroitre de lui qui reſſentit ſon Apprentif, on y remarque une maniere faite & des coups de Maître.* La premiere Pieçe qui parut gravée au burin, fût celle où il a repreſenté les trois Graces, portant un Globe ſur leurs têtes. Il paroit que M. *Felibien* n'a point vû cette Eſtampe, & qu'il n'en parle que ſur le raport d'un autre ; il la decrit mal, en prenant les figures pour les graces ; (o) Bullart & M. *de Piles* ont commis la même faute ; je poſſede cete Pieçe, je puis donc en parler avec pleine connoiſſance : premierement il y a quatre figures de femmes, elles ne peuvent donc être les Graces, puisque la Fable n'en admet que trois, elles ne portent point le Globe ſur leurs Tetes, mais il pend à un Plat fond au milieu des dites Figures, on y voit ces trois Lettres O. G. H. avec l'année 1497. à Coté on aperçoit une Porte à demi

ou

____

(n) *Felibien* Tom. 2. p. 196. de ſes Entretines de ſes vies des Peintres. Amſt. 1706. in 8vo.

(o) Bullart, Académie des Siences & des Arts in fol. F. 2. pag. 383. de Piles Abregé de la vie des Peintres.

ouverte², dans la quelle on rémarque une Bête infernale, qui jette feu & flamme, les trois Lettres fus mentionnées fignifient *O Gott Hüte*, ou *O Gott hilff*; Monf. de Piles en convient puisqu'il les explique en françois, de la maniere fuivante, *O Dieu garde nous des Enchantements*, quel raport eft ce que la Bête infernale, peut avoir avec les trois Graces? Comment eft ce que ce Diſton leur convient? on fe trompera moins fi l'on envifage ces figures comme des forcieres. On fçait que dans ce Siecle encor fort ignorant & fort tenebreux, l'ignorance & la fuperftition s'imaginoient voir fans ceſſe des Sorciers & des Sorcieres; la Raifon à prefent plus éclairée les a fait éclipfer; peut être que l'Eftampe de Durer, répréfente quelque Evenement chimerique de fon tems, j'efpere que le Leſteur me pardonnera cette petite Digreffion critique; comme les plus habiles gens fe peuvent très fouvent tromper; rélever modeftement leurs faute; ne peut qu'aporter de l'utilité au Progrez des Arts & des Sciences, avant que de finir cet Article indiquons encore quelques bonnes Pieçes de *Durer*; Adam & Eve qui reçoivent dans le Paradis la Pomme du ferpent; gravé en 1504. Une fainte famille d'une très belle
Com-

Composition faite en 1506. font au raport de *Sandrat* des Morceaux très excellens. Je ne faurois affez admirer *Son Chrift*, qu'on met dans le Tombeau; Pièce de beaucoup de figures, & d'une entente merveilleufe publiée en 1507. fon morçeau appellé la *Melancholie* de 1514. eft au raport de Mr. de Piles, fa plus belle pièce; *Les chofes*, dit il, *qui entrent dans la Compofition de ce Sujet, font une preuve de l'habilité d'Albert*; *Ces Vierges*, ajoute-t-il, *font encore d'une beauté finguliere*, Vafari ne fauroit affez exalter un Recueil de Vierges de 20. Morçeaux avec le titre gravé en 1511. On admire auffi deux Vierges, qui toutes deux tiennent l'enfant Jefus, l'une eft de 1513. l'autre de 1518. il faudroit un Ouvrage entier pour detailler les differentes Efpeçes d'Eftampes publiées par cet habile Artifte, qui s'eft diftingué fi avantageufement dans diverfes Gravûres, même dans le têms que cet Art étoit encore dans le Berceau, nous n'en dirons donc pas d'avantage fur cet Article; au refte ce grand Genie eft né en 1471. &c. il eft mort en 1528.

Lucas Cranach, qui a vecu à Wittenberg du têms de Luther, a non feulement fait parler de lui dans la Peinture, il a auffi fait d'affez belles chofes en Bois, mais je n'ai

B 5

rien

rien vû fur Cuivre de lui, on affure que cette efpece de Gravûre lui a été inconnuë; on a de lui l'hiftoire de la Paffion en 13 Morceaux in folio, publiée en 1509. Les traits font un peu groffiers; mais ce qu'on appelle les paffions, à favoir, la Trifteffe, la haine, l'admiration &c. y font affez bien exprimées, marque de l'habilité de l'Artifte, les connoiffeurs n'ignorent pas que les paffions s'expriment plus difficilement fur le Bois que fur le Cuivre. On voit à Deffau plufieurs peintures de lui; entre autres un très grand Morceau, qui répréfente J. C. qui diftribue la Céne à fes Apôtres; ce Morceau eft très curieux; car les Vifages des Apôtres répréfentent les grands théologiens de ce têms qui fuivoient Luther; tels ont été le Prince George d'Anhalt, qui prechoit à Deffau, Melanchton, Luther lui même &c. Au refte le veritable nom de ce peintre étoit *Lucas Müller; Cranach*, eft le nom de fa Patrie, qu'il a pris, en fuivant l'Ufage établi de fon têms. Il eft mort en 1553. à l'Age de 81. Ans; il eft enterré à Weimar, où l'on voit fur fon Tombeau, fa ftatuë en pierre de Grandeur naturelle, avec une trés grande Barbe.

Lucas de Leyde, étoit comtemporain & ami d'Albert Durer; ces deux habiles hommes
mes

mes étoient dominez par une noble Emulation, bien eloignée de cette jalousie qui
ne regne ordinairement que trop entre des
Maîtres d'un même talent; ils s'envoyoient
mutuellement leurs Ouvrages, & se rendoient reciproquement justice; Aimable
Caractere qui est aujourd'hui bien rare, qui
ne peut qu'encourager ceux qui s'appli-
quent à quelque Art, & à quelque Scien-
ce; ces critiques mal entenduës dictées par
l'envie, & par une ridicule prévention ne
peut au contraire qu'en arreter les Progrez.

Je ne parlerai point de ces Estampes en
Bois, elles ont leur merite, je n'indiquerai
que quelques unes de celles qui ont été
gravées sur le Cuivre; on ne les trouve aujourd'hui que très rarement; leur netteté
& leur exactitude les rend dignes d'occu-
per une place dans les Cabinets des curieux;
de son têms elles ont deja eu un très grand
debit. *Sandrat* nous apprend que quand
il faisoit tirer ses Estampes, s'il en trouvoit
une dont le Papier étoit un peu taché, il
la dechiroit & la jettoit au feu; exactitude
scrupuleuse qui ne peut que faire valoir les
dites Estampes. Il a commencé á graver
dès l'age de 14. Ans; Sa premiere piece,
répréfente Mahomet, qui dans l'Ivresse
étrangle un Moine. Un an après il grava
plu-

plusieurs sujets de la Passion &c. la Conversion de St. Paul, qu'on conduit aveugle à Damas. *Vasari* fait l'eloge de tous ces Morceaux, & pour ce qui concerne l'ordonnance & la perspective, il les préfere aux Pieçes *d'Albert Durer*. En 1510 on vit de lui un *Ecce homo* avec plusieurs figures & un fond d'Architecture, Morceau qui attira l'Admiration des connoisseurs. Dans le même têms il grava une Laitiere près de trois Vaches avec le Vacher; On y remarque la lassitude de la Laitiere, d'avoir été si long tems courbée. Il fit dans la suite paroitre son Adam & Eve, Estampe d'une toute autre ordonnance que celle de son ami Dürer; viennent ensuite Adam & Eve chassez du Paradis, Eve qui porte sur les bras son Fils Caïn, & Adam à coté; Caïn qui tuë son frere Abel; David qui jouë de la Harpe en presence de Saül; des pelerins; l'Empereur Maximilien qui entre dans la Ville de Leide de 1515.

Preuve bien marquée de l'Estime qu'on faisoit de ces Estampes, c'est qu'elles se vendoient assez haut prix du vivant de l'Auteur; *Sandrat* nous apprend que dès lors ses grandes pieces, telles que sont sa Magdalaine, son Crucifix, son Ecce Homo; & les trois Rois, étoient chacune d'un ecu; gran-

grande Somme inconteſtablement pour ce têms ; quelque fois le Maitre mort, ſes Ouvrages periſſent auſſi, je veux dire, qu'on ne les eſtime plus ; les produ&tions de *Leide* n'ont point eu ce triſte, & ſouvent très injuſte ſort, puisqu'aprés la mort elles n'ont point eu de prix. Monſieur de *Spiring*, Envoyé de Suede auprés des Etats païa pour la Piece appellée *l'Eſpiegle* in 4to. Deux cent ecus ; pour la *Grande Agar*, ainſi appellée pour la diſtinguer d'une autre du même nom plus petite ; 250 Ecus. *Rimbrandt*, le célébre Rimbrandt acheta dans une Au&tion 14 Morceaux, & en paia 700 Ecus. Peut on à preſent revoquer en douté l'Eſtime qu'on faiſoit des Ouvrages d'un habile Homme, qui mourut à la fleur de ſon Age, c'eſt à dire à 39 Ans ; quels progrez n'auroit il point fait ; comment n'auroit il point multiplié ſes Talens, ſi la Providence avoit jugé à propos de lui accorder une plus longue vie. La Reputation qu'il s'eſt aquiſe, nous apprend qu'il en a fait un aſſez bon uſage.

On peut enviſager ces deux grands Maitres, comme les premiers qui ont donné de belles Eſtampes au public. Ce qui eſt beau attire non ſeulement de l'Admiration, mais il excite de plus dans pluſieurs le deſir fir de pouvoir en faire autant: auffi a t'on vu dans la Suite en Allemagne & dans les païs bas plufieurs qui fe font adonnez à ce bel art, & qui n'ont rien negligé pour imiter ces deux virtuofi dans la Gravûre; l'Italie & la France n'ont point tardé à fe metre fur les rangs; & c'eft à ce dernier Royaume que la Gravûre doit la perfection, qu'on y admire. Avant que de le prouver, continuons à faire connoitre les principaux Allemans, auffi bien que les Flamands; je ne ferai qu'indiquer *George Pens*, Allemand qui a beaucoup travaillé en Italie; *Aldegraef, Albert, Altorfer, Bartel & Hans Sebald Böhm, Jacob Binck, Lucas Krüger*, la plûpart à la verité connus fous le nom de petits Maitres; ils ont cependant eü un certain degré de merite, & ont contribué aux progrez de la gravûre.

A la fin du même Siécle, & au commencement du fuivant font venus les *Sadelers*; Ils étoient trois de ce nom, *Jean Gilles, & Raphael*; La quantité de Morceaux, qu'ils ont donné au public eft furprenante, elle fait voir qu'ils étoient des artiftes trés laborieux. *Gilles Sadeler* a rëuffi principalement dans les Portraits; il a beaucoup gravé d'aprés les *Baffans*; J'ai de ce Graveur une Vierge affife, qui a fon Enfant fur les genoux, elle eft dans un Jardin entourée de Plantes &

d'Ani-

d'Animaux; dans les Eloignemens on aperçoit l'Aparition des anges aux Bergers, &
faint Joseph; dans les Nües on remarque
l'Etoile qui aparut aux Mages, & au bas
l'Inscription suivante: *Albertus Durer Al-*
mannus Inventor, S. C. M. Sculptor Ægidi-
us Sadeler Sculpsit. On voit encore de méme une Descente de Croix d'après *Baroche,*
& une Flagellation d'aprés *Joseph Pin* &
plusieurs autres.

Henri Goltzius, a séjourné long têms en
Italie, où il a peint & gravé; il s'est ensuite etabli à Harlem où il est mort, il avoit
le Burin si ferme, si facile & si agréable,
que peu de Graveurs l'ont egalé; on a de
lui des Pieces admirables entr' autres les
neuf Muses qu'il dedia en 1592. à son Ami,
Jean Sadeler, Graveur de l'Electeur de Ba-
viere, celui de qui nous avons *Bavaria*
Sancta & Bavaria pia en 136. Morceaux.

Corneille Cort, né en Hollande a toujours
demeuré à Rome depuis le Voyage qu'il y
fit, il étoit pour lors un des meilleurs &
des plus corrects Graveurs; à la verité il
n'a pas exprimé, non plus que plusieurs de
ceux qui l'ont precédé, les grands Eloignemens par affoiblissement, mais pour ce qui
concerne les Corps pris à part, il a trés
bien exprimé les Reliefs; c'est aussi lui qui
a mis

a mis le Burin à la main *d'Augustin Carache.*

Friderich & Corneille Blœmart tous deux Graveurs, & Fils *de Abraham Blœmart* celebre Peintre Hollandois, *Corneille* a long-têms travaillé à Rome, il peut tenir un rang distingué parmi les Graveurs au Burin, *Frideric* ne s'est point si fort distingué, mais il ne laisse pas de meriter une place parmi les bons Maitres; il a beaucoup gravé d'aprés son pere.

Swanenbourg, sa Gravure se distingue trés avantageusement par la netteté, la tendresse & la belle Conduite des hachures, on peut dire que les susdits Caracteres y sont surprenants; il a beaucoup gravé d'aprés *Rubens & Blœmart.* J'ai de lui un St. Paul d'aprés *Blœmart;* j'ai le même Saint Paul gravé par *J Callot,* dans le même gout & de la même grandeur; On prendroit ces deux pieces pour l'Ouvrage d'une même main, si les noms des Maitres, & quelques vers Latins qui sont au bas n'y mettoient de la difference; l'egalité qui se trouve presque jusques dans les hachures, me fait croire que *Callot* a copié son saint Paul après celui de *Swanenbourg,* & qu'il a voulu imiter sa maniere, combien d'habiles peintres ne voit on pas qui quittent quelque fois leurs manieres, qui est
ex-

excellente, pour imiter celle de quelques anciens Peintres, c'est une marque de la bonté & de la force de leur genie; quel cas ne fait on pas d'un auteur qui sait deguiser son Stile, & si bien imiter celui d'un autre, que les plus fins connoisseurs y font pris.

Sarendam est un des Graveurs dont la Touche est ferme & douce.

Lucas Vorstemann peut passer pour un des meilleurs Graveurs des païs bas, qui a le plus contribué a faire connoitre le merite de Rubens par la maniere expressive & intelligente avec la quelle il a gravé plusieurs de ses Tableaux.

L. Suyderhoeff est un Graveur parfait, qui a le plus aproché, dans sa Gravure du Gout pittoresque & piquant de *Rimbrant,* il a même beaucoup gravé d'après ce grand peintre; & d'après *Frans Hals,* van *Ostade* il y a dans sa Gravure un certain *Grignotis,* dont il a sçu tires un effet merveilleux, quelque foi ses Estcmpes font autant d'effet qu'un Tableau par l'esprit, la Touche, & le Clair obscur, qu'ila eu le Talent d'y conserver.

Jean & Hermann Müller tous les deux bons Graveurs qui ont fait paroitre une grande hardiesse, fermeté & liberté de Burin.

Lucas Kilian, & son frere *Wolfgang*, anciens Graveurs d'Augsbourg ont bien reusi ou Burin, le dernier a eu deux fils *Philippe & Bartel*, ils ont tous deux grave des portraits, & y ont bien reussi. Philippe a gravé plusieurs grands Portraits des Princes, d'une maniere ferme & agreable, ont voit dans ce nombre celui du grand Electeur Frederic Guillaume, & de l'Electrice son Epouse d'après *Matieu Merian* qui êtoit alors à Berlin Peintre de la Cour; On a du même Graveur en un Volume les portraits de tous les Membres de la Magistrature de Breslau. ceux qui desirent de mieux connoitre les ouvrages des *Kilians*, peuvent consulter le bel ouvrage, de *Sandrat*, que j'ai deja cité. Du depuis il y a eu plusieurs Graveurs, qui ont porté le Nom de *Kilian*, mais ils n'ont pas atteint le même degré de perfection, il ne faut donc pas les confondre aver les preccedens:

Augsbourg a aussi produit les deux freres *Elie & Daniel Hainzelmann*, qui ont travaillé long têms avec reputation à Paris, ils ont fait plasieurs sujets d'après *Bourdon Jean Hainzelmann*, se rendit aussi à Paris, pour se perfectionnes dans son Art; Il dessinoit lui même les portraits d'après Nature, ensuite il les gravoit; On a de lui un belle Estampe du fameux voyageur Traver-

vernier, faite de cette maniere, accompag-
née d'un Epigramme de Boileau; il vint
enfuite s'etablir à Berlin, & y Grava le Portrait de l'Ecteur & de l'Electrice avec plufieurs autres; on voit que ce n'eft pas d'au-
jourdhui, que cette capitale, à fu attirer
d'habiles Artiftes; cette Ville, qui eft à
prefent par plus d'un titre une des plus
confiderables de l'Europe peut être envi-
fagée comme une Athenes moderne, les
fiences, les Arts, les Fabriques, les Metiers
y tendent tous à la perfection, il y regne
une noble Emulation qui repond aux In-
tentions du grand Prince qui y refide;
Quel bonheur pour fes Etats, fi tous les
fujets, & ceux qui les Gouvernent, repon-
doit unaniment fux grandes & Utiles In-
tentions du Monarque.

Mathieu Merian, fils d'un peintre de
même nom, dout nous avons dejà parlé,
eft connu des Savans par fes Livres d'Hiftoires, d'Emblêmes Païfages, Chaffes &
Batailles; aucun Graveur n'a plus travaillé que lui, il a porta à Paris conjointement
avec *Jaques Callot*, les Secret de bien Graver a l'Eau forte. Il étoit Gentre de *Theo-
dor de Bry*, bon Graveur, qui copioit fouvent d'autres Eftampes, qui devenoient
avec le temps, plus cheres & plus recher-
C 2 chées

chées que les Originaux, temoin la fameu-
se Estampe de l'Age d'Or, reduite en petite d'après celle *d'Abrahem Bloemart.*

Marie Sibylle Græf, né Merian, qui est
de cette famille, s'est beaucoup appliquée
a faire connoitre les Insectes, & leurs differentes Metamorphofes; elle a fait fur ce
fujet un traité, quelle a donné au Public,
& c'est elle même qui a gravé les Eftampes, qui accompagnent ce bel Ouvrage,
qui a fon Utilité dans la phifique; elle
a pris foin de mettre quelqeus Exemplaires en Couleur, pour ceux qui
voudroient bien païer fa peine. Elle avoit
fi fort à Cœur cette efpece d'Etude qu'elle
a dans la Suite pris la peine d'aller à Surinam dans les Indes, pour faire la Defcrip-
tion des Chenilles, Papillons & Infectes
qu'on y trouve. Les deux Ouvrages ont
été publiée dans la Suite en Français fous
ce titre; *Hiftoire des Infectes d'Europe & de
Surinam par Mad. Sibylle Merian Amfterd.*
1730. 2 *Vol. in fol.* Icy je ne faurais me
difpenfer de parler d'un Semblable Ouvra-
fort eftimé qu'un des celebres Membres de
nôtre Academie, à donné de fon vivant au
public; Je veux parler de feu Mons. Jean
Leonard Frifch, Recteur, du College allemand de Berlin; & de Son excellente De-
fcrip-

ſcription de toutes les Inſectes ; C'eſt ſon Fils, qui en a gravé les Figures ſous ſes yeux ; Ces figures ſont de la derniere preciſion, la quandité des Jambcs, des Membres, des Jointures tout y eſt exact, ce que la plûpart des Graveurs n'obſervent point, ils ſe contentent de donner en gros la figure de l'Animal.

Les *Viſcher*, *Necolas*, *Corneille*, *Louïs &c.* *Jean*, ont tous été Graveurs & Marchands d'Eſtampes ; le premier s'eſt appellé *Piſcator*, c'eſt le nom rendu en Latin : *Corneille* eſt celui de tous les Graveure en Hollande qui a eu, le Burin le plus ſavant & le plus gracieux ; *Louis & Jean* ont tres bien reuſſi dans les planches, qu'ils ont gravées a pres *Berghem* ; Ils ſeront toujours les modéles de ceux qui voudront rendre avec eſprit. & Verité les Ouvrages de ces deux Maitres. Les Conneiſſeurs les preferent avec raiſon à celles que *J. Moireaux* a gravées à Paris d'après *Wauvermanns*.

J'ai dit ci deſſus un Mot de la maniere de graver pittoresque de *Rimbrand* ; *Gerard de Laireſſe* a gravé à l'Eau forte à peu près dans ce gout la plus grande partie de ſes Oeuvres, fort recherchez des peintres ; *Jean Ulrich Kraus*, tres habile Graveur d'Augsbourg a copié en petit cet Ouvrage,

il

il l'a gravé à l'au forte & terminé au Burin d'une très bonne maniere. Les Morceaux *de Rimbrant*, ont toujours êtè fort estimé des Peintres ; il a eu la Satisfation de les voir païer bien cherement ; Lui même a Vendu Cents francs d'Hollande, son Grand Morceau, qui represente notre seigneur, guerissant plusieurs malades. (o) Sa Descente de Croix ; l'adoration des Rois, dans le même format ; l'annonciation aux Bergers plus petits, font rechercher avec avidité.

M. Picard, Graveur François établi en Hollande a gravé en 78. Morceaux les *Impostures innocentes* d'une maniere legere qui approche du Dessein ; il a imité les differents Gouts pictoresques de ces Savans Maîtres, qui n'ont gravez qu'à l'eau forte ; tels ont été le *Guide, Carlo Maratti, Rimbrant, Livius van Ostade* &c. autres ; par l'a il a demontré, qu'on avoit tort de soutenir, qu'il n'y avoit que les pein-qui pouvoient graver avec esprit & liberté. Ces habiles peintres, que je viens dindiquer, me font penser à un jeune peintre

(o) *Gersaint* Catalogue raisonne du Cabinet de Mr. de l'Orangere. Paris 1744 in 12. pag. 226. Ce Livre m'a êté d'un grand Secours pour la presente histoire ce que j'averti une fois pour tout.

tre de Berlin, nommé *Glum*, (p) qui merite d'être connu il s'eſt deja fait connoitre par pluſieurs portraits d'un Gout excellent; pour peu qu'il continüe, on a lieu d'eſperer, qu'il Saiſira la maniere de *Rimbrant*; il eſt fort dans le deſſeins, le public a beaucoup à eſperer de ce jenne homme; Cette digreſſion n'eſt pas de mon Sujet, mais je ſaiſi avec plaiſir cette occaſion de rendre juſtice à ſon merite.

Houbracken, eſt un fameux Graveur qui eſt actuellement à Amſterdam en grande reputation; il eſt fort gouté des Anglais. Il eſt preſque toujours occupé pour eux. A Londres il y a un excellent Graveur nommé *Major*; *Jean Pine* ſi diſtingue pareillement; c'eſt lui qui a gravé les Oeuvres d'Horace en deux Tom. grand 8 Sous le titre *Quinti Horatii Flacci opera Londini* 1737. c'eſt un Chef d'oeuvre qu'on ne ſauroit appeller d'Imprimerie, mais de Gravure; les Vignettes, les Culs de Lampes & autres figures ſont d'une grande beauté.

Les Eſtampes en nôir, comme je l'ai deja inſinüé, ont été perfectionnées à Londres. *Smith. J. Elie Pine, J. Beckelt, J.*

C 5

Fa-

____

(p) Fils d'un Sculpteur de Berlin. En Peinture c'eſt un Eleve de *Peine*.

Faber, continuënt à livrer les Portraits des Illuſters Anglais, graves de cette maniere. A leur imitation *J. Jacob Hain*, livre à Augsbourg les portraits des Savans de l'allemagne, que (q) M. *Brucker* accompagne d'un Eloge Hiſtorique en allemand & latin.

Je ne connois à Paris que *J. Sarabat*, qui dans ce Genre a travaillé avec reputation, on voit de lui differentes pieces, des ſujets de tabagies des portraits d'apres *Rigaud*.

Le plus celebre Deſſinateur & Graveur pour le portrait, qui eſt preſent à Berlin, c'eſt Mons. *G. F. Schmidt*, natif de la dite Ville, il s'eſt perfeétionné à Paris ; le portrait qu'il y a gravé du celebre *Mignard*, & qui lui a procuré la place d'academicien, ſera toujours un Morceau eſtimé des vrais Connoiſſeurs, il né s'eſt pas borné à cette excellente piece.

Je paſſe aux Graveurs Ialiens ; pour donner une Ideé des principaux, il faudra retourner ſur ſes pas & remonter plus haut *Marc. Antoine Remondi* natif de Boulogne, eſt le premier en Italie, qui s'eſt diſtingué

par

(q) *Ehren - Tempel der deutſchen Gelehrſamkeit. Augsbourg. gros in 4to.* 1747 & 1748. En Latin & Allemand.

par la Gravure, il avoit une femme qui gravoit auffi paffablement bien. Etant à Venife, il y vit la paffion qu'*Albert Durer* avoit fait en Taille de bois; il les acheta, les contre fit par des groffes hachures fur le cuivre, qu'on les prit pour l'Ouvrage même d'*Albert Durer;* pour en mieux perfuader les Acheteurs, il prit foin d'y mettre la marque de ce grand artifte; Tout Venife y fut trompé.   Albert ayant apris cet injufte procedé s'y rendit, fe plaignit à la Republique du torr que Marc Antoine lui faifoit; Ses plaintes furent ecoutées, defenfe lui fut faite, de ne plus mettre fur fes Ouvrages la Marque d'Albert. (r) Bullart nous apprend qu'on voulut même l'en chatier, mais Albert ufant de generofité, pria pour fon Rival; Les Ouvrages d'*Al*bert font connoitre fon Efprit, ce trait devoloppe fon Cœur.   Dans la Suite Marc Antoine grava d'après Raphael il y a des favans qui pretendent, que ce grand peintre deffinoit lui même les traits des figures fur les planches à graver, c'eft de cttte maniere qu'il a publié *l'Hiftoire de Phiché* en 32 planches.   Il grava enfuite fur les Def-

C 5

feins

(r) Academie des Sciences & des Arts T, 2. liv. 6. pag. 383.

feins de Jules Romain 20 Eftampes fort diffoluës, connuës fous le nom de *Figures de l'Aretin*; Cet infame Ouvrage lui procura un Logement fort étoit dans les prifons; il lui en auroit même couté la Vie, fi le Credit du Cardinal de Medicis ne lui eut fauvé la Vie.

Vers ce têms *Faraonius d'Aquila*, grava les deux Batailles de Conftantin après *André Carnaffeus*, & la Victoire d'*Alexandre* fur l'armé de Darius, après *Pietre de Cordone*. *Pierre d'Aquila*, grava une Battaille de Conftantin d'après *Jules Romain*; Les Loges de Raphael peintes dans le Vatican en 52 Morceaux, & la Galerie de *Lanfranc* reprefentant l'affemblée des Dieux en 8 Morceaux.

George Mantuan, & fa fille *Diana Mantuana* graverent la Refurection dés Morts, & le dernier Jugement d'après Michel *Ange*.

Auguftin Venitien, & *Chevubin Albert* graverent des Frifes, d'apres Polidore; le dernier a grave un Morceau appelle la *Foudre* aprèt *André del Sarte*.

Auguftin Carache deffinoit correctement, bon peintre, mais meilleur Graveur. Entr' autres plufieurs Morceaux on voit de lui, un grand Crufifix d'apres le Tintoret; S. Je-

S. Jerôme d'après le même; Enée qui pot-
te son pere anchise d'après le Baroche;
Le Mariage de St. Catherine, grande piece en hauteur d'après Paul Veronese &c.
Louïs Carache. Son Cousin a aussin gravé
quelques pieces à l'eau forte, mais il faisoit
plus de cas de la peinture.

Annibal Carache un des plus grands peintres, quil y ait eu, & frere d'*Auguftin* à pareillement gravé quelques piesces à l'Eau
forte, elles sont admirables & fort recher-
chées. Je marquerai ici en passant, que
presque tous les grands Peintres ont gravé à l'au forte, quelques une de leur Ouvrage; c'est ce qu'ont fait le *Guerchin* autrement *Francois Barbieri, Joseph Ribera,*
dit *l'Espanolet;* Le *Guide;* *Leonard de Vin-
ci;* le *Titien;* *l'Albane;* G. B. *Castilion* de
Genes. *Salvator Rosa* Peintre Romain a
gravé 74. Moreaux à l'Eau forte, qu'il a
dediès à son ami *Charles de Rubeïs.*

Pietro Sancti Bartoli, a grave la Gallerie
de *Lanfranc* peinte dans le Vatican. *Eneas
Vicus* de Parme a fait au Burin plusieurs
portraits; des sujets d'histoire de son Invention, & des Moreeaux d'après Raphael,
Michel *Ange,* Parmesan, Bandinelli &c.

Martin Rota a gravé toutes sortes de sujets, on a de lui plusieurs portraits, comme

auſſi le Jugement dernier d'apres Michel Ange ; il a gravé ce dernier Morceaux de trois differentes manieres.

Francois Villamene, eleve d'Auguſtin Carache, a travaillé au Burin avec propreté, mais ſes Contours ſon trop roides & trop manierés, on eſtime de lui ſon *ſaint François recevant les Stigmates*, & une deſcente de Croix d'après le Baroche. *Tempeſte* Peintre & graveut à l'Eau forte de Florence fut eleve de *Stradan;* mais il avoit beaucoup de genie & compoſoit facilement ; il a fait pluſieurs ſujets de batailles & de Chaſſes, ſon deſſein eſt en peu lourd tant dans les figures, que dans les Chevaux.

Etienne de la belle étoit auſſi de Florence, & comme *Callot* Eleve de *Canta Gallina* dont il ſuivit d'abort la maniere; mais étant venu en Hollande, il voulut imiter la maniere de Graver de Rimbrand, qui lui plaiſoit beaucoup ; ayant remarqué qu'il n'y reüſſiſſoit pas, il reprit prudemment ſa premiere Methode. Ceſt un ſigne d'un bon genie, quand on s'atache au Talent, qui nous eſt comme naturel, & qu'on fait des Efforts pour le developper & le faire valoir, c'eſt un moyen de reüsſir & de ſe diſtinguer. Sa maniere & la touche ſont libres, ſavantes & piĉtoresques; en un mot

mot *la Belle* a très bien finit de tout; Batailles, Chaffes, Marines, Païſages, Ruines, Animaux, Cartouches. Tous ſes differens Morceaux ſont eſtimés des curieux & vrais connoiſſeurs Parmi les Graveurs qui travaillent en Italie; je trouve un Wagener, établi à Venize, allemand de naiſſance & d'origine; on peut, ſans crainte d'etre contredit, le mettre dans le rang des habiles maîtres; il reüſſiit bien dans le paiſages & ne ſauroit être meilleure: En un mot il grave avec eſprit & intelligence toutes ſortes des ſujets d'apres les plus grands Maîtres; il y a auſſi des tres bons Morceaux de ſon Invention, dans le même endroit eſt un nommé *Joſef Schmidt* excellent Graveur. La Gravûre des Eſtampes n'avoit pas fait dans le 16 Siecle de grands progrez en France Mons. de Pluvinel Ecuyer de Louis XIII. voulant faire Imprimer (s) à Paris ſon livre de *l'Inſtruction du Roi, en l'exercice de monter à cheval,* il ne trouva point alors dans cette fameuſe Capitale de Graveur aſſez habil, pour faire les Eſtampes, qui devoient accompagner ce livre; cet habile Ecuyer fut obligé je les faire graver a Utrecht chez *Criſpin de Pais*, pere & fils pour lors en grande reputation; la reüſſite a juſtifié les choix

qu'on

(s) In Fol. à Paris 1627. chez Pierre Recolet.

qu'on a fait deux; le monarque françois,
pour qui l'ondeftinoit cet ouvrage en à ête
tres content; en effet les chevaux y fon gravez auffi bien qu'il eft poffible; les figures humaines font autent de portraits très
reffemblans d'apres nature; les differentes planche de ce livre, feront toujours
eftimées, elle ne perdront jamais de leur
prix le fiecle de Louïs le grand à vû difpa-
roître cette ignorance dans la Gravure, les
arts & les fiencés par un fi illuſte Mecenas,
ont fait à Paris des progrez bien marqués,
le mauvais gout a fait place au bon; on à
vu alors dequoi le Genie français eft capab-
le, quand il eft en couragé par un Monarque qu'on peut avec fondement appeller
le Pere & le proteƈteur des arts; on auroit tort daffeƈter un Païs aux mufes; la
France a vû le fiecle de Louis le grand la
Pruffe voit celui de Frederic le Heros, qui
au milieu du bruit des Armes donne dans
fes Etats un azile affure au Savoir; Union,
accord qui jufqu'a prefent avoit paru im-
poffible le fujet eft trop beau & trop grand
pour, être traité dignement par toutes for-
tes de plùmes; je le quitte donc pour parler des habiles Graveurs de la France.

Jaques Callot, noble Lorrain eft trop
connu des curieux, fes ouvrages trop efti-
mez

mez que nous aurions tort de n'en point
parler; il avoit aqui une pratique de graver très aifée & très agreable, tout ce quil
a publié eft auſſi bien touché, qu'on le peut
ſouhaiter; il diſpoſoit agreablement ſes figures, quelque grande que fût la diſpoſition d'un ſujet elle etoit ſi bien ordonnée;
que le grand nombre ne cauſoit aucune con-
fuſion. Dans les commencemens, il grava pluſieurs Morceaux aſſez grands d'ap-
prés Perin del Vague, Vahnius, Ventu-
ra Salimbeni, Blœmart & d'autres; il ex-
celloit dans les petites figures, on peut
s'en convaincre ſi l'on examine ſes Miſeres
de la Guerre; Sa vie de l'Enfant prodigue,
dans ſes Sieges de Villes & Campements
d'Armées. Quoique Lorrain je le place
parmi les Francais, parce qu'il a travaillé
long téms à Paris; il y étoit lorſque Louïs
XIII. prit la Rochelle. On ne peut qu'
être ſurpris, quand on void la multitude
de Pieçes, qu'ila a gravées, & ſi on com-
pare cette multitude avec le téms, qu'ila
vecu; car il n'a atteint que l'age (t) de
43 ans (u) Florent le Comte nous a four-
ni

ni

(t) Il eſt mort le 28 Mars 1635.

(u) Cabinet d'Architecture, Peinture, Sculpture & Gravure Bruxelles. 1702. Tom. 2.

ni une Lifte de fes ouvrages, mais elle n'eft pas a beaucoup près fi nombreufe, que celle de M. Gerfaint dans l'ouvrage deja cité, on y voit des Morçeaux rares de Callot, qu'on ne trouve point dans les plus grandes Collections de fes Oeuvres.

Callot de retour à Nancy, envoioit à fon ami, *Ifrael Henriet*, & qui demeuroit à Paris, les planches qn'il faifoit, il y avoit un accord entr'eux pour le debit des Eftampes.   *Ifrael* étoit ausfi n'atif, de, Nancy, mais originaire de Chalons en Champagne, fils de *Claude Henriet* de la ditte Ville; c'eft de lui qu' Ifrael, Callot, Bellange & Dervet aprirent les princiepes & les commencemens du Deffein; le dernier exerça dans la fuite avec Succes à Nancy la Profeffion de Graveur. *Ifrael Sylvefler*, Neveu & Eleve d'Ifraël Henriet pareillement natif de Nancy, a Surpaffé fon Oncle de beaucoup, il a gravé avec fineffe & intelligence un nombre affez confiderable de diverfes vuës & de divers Païfages. Louïs XIV. s'en fervoit, pour desfiner & graver les Maifons Roiales ; les Places quil avoit conquifes, & d'autres Ouvrages deftinez pour fa Bibliotheque. *Ifrael Sylvefire* a herité de fon Oncle tous les Deffeins

feins & toutes les Planches, qu'il avoit de Callot, & de *la Belle* : dans ce têms il acheta tout ce que la Veuve Callot avoit à Nancy, & quelques autres Planches de *la Belle*, je n'ai pû decouvrir en quelles mains ces raretez font paffées; il a laiffé plufieurs Enfans; je ne faurois affurer fi Monfieur Sylveftre, très celebre Peintre de Sa Majefté Polonoife à Dresden eft de cette Famille, je le foupçonne ; Son rare Talent pour l'hiftoire eft connu ; le public fait auffi que le Roi fon Maître lui a donné des Lettres de Nobleffe, dans le têms que S. M. etoit Vicaire de l'Empire.

Gabriel Perelle, & fes Fils *Adam & Nicolas* étoient tous trois Deffinateurs & Graveurs; ils fe font particulierement attachez aux Païfages; & ils ont aquis de la Reputation par la quantité de Morceaux, qu'ils ont gravés après *Polembourg, P. Brill, Affelin ; Fouquieres, Bourdon & d'autres*. Ils ont auffi gravé une partie des Vuës de Villes & Forterefses de M. de (x) Beaulieu Ingenieur du Roi ; comme auffi quelques Vuës de Rome; ils ont pareillement

D   livré

(x) Perrault parle avec Eloge de cet Ingenieur, dans les Hommes illuftres, qui ont paru en France Paris 1701. 12mo. Th. 2. pag 97.

Humbert Abrégé hiftorique.

livré plusieurs Planches, pour la vie de *Charles* XI, Roi de Suede, in fol. de Puffendorff.

Abraham Bosse de Tours, s'est distingué à Paris, il y a gravé à l'Eau forte & au Burin d'une maniere particuliere & gracieuse; il a ecrit avec Reputation fur la Gravure, la Peinture, la Perspective & l'Architecture &c.

François Chauveau, avoit une imagination étendue, on le prouve par la varieté & par la quantité d'Ouvrages, qu'il a mis au jour; Ses Morceaux n'ont pas à la Verité le même agrement qu'on remarque dans plusieurs Graveurs Français; mais par contre, il y en a bien peu qui les surpassent dans la Varieté, & dans l'Esprit qui s'y rencontre; il a fait par Ordre du Roi une partie des Planches, qu'on trouve dans les *Metamorphoses d'Ovide en Rondeaux par Benserade;* Les dites Planches font de ses Productions.

Jean & Pierre le Pautre, on ne sauroit leur disputer la qualité de bons Dessinateurs, mais aussi il faut avouër qu'ils ont été Graveurs assés mediocres; ils ont gravé toutes sortes de Sujets à l'Eau forte, mais presque toutes leurs Pieces ont éte precipitées & faites trop à la hâte.

Lan-

Landry l'Armeſſin, Roullet ; les deux premiers ont commencé à graver le Portrait avec quelque Reputation à Paris ; le troiſieme a gravé un grand nombre de Pieces, qui par la correction du deſſein & le beau travail du Burin approchent du merite de celles de Francois Poilly, dont nous parlerons plus bas.

Louïs Ferdinand, a gravé des portraits d'après Vandyck, il a auſſi fait celui de M. Pouſſin.

Nicolas Piteau, a gravé des portraits, mais *François Poilly* a été un des graveurs de France les plus diſtingués par la preciſion du deſſein, la beauté de la gravure, la Netteté & la douceur du Burin. *Nicolas de Poilly* ne le ce de pas à François, il a gravé des portraits en Buſte, preſque de grandeur naturelle.

Claude Mellan eſt un exellent Deſſinateur & Graveur, il a gravé un aſſez bon nombre de Morceaux, la plûparr d'après ſes Compoſitions. Il a donné au Public la Gallerie de Iuſtiniani en 322. pieces, Ouvrage avec raiſon fort eſtimé. Il s'étoit fait une maniere ſinguliere de graver ; ſes Planches ſont peu travaillées, quelquefois mème, il n'employoit qu'une ſeule Taille, qui cependant produiſoit un très bel effet, par la maniere qu'il avoit de l'enfler plus ou moins & à propos. Il a fait une *Sainte*

D 2

face

face, qui eſt d'un ſeul trait en rond, commençant par le bout du nez, il continuë de cette maniere â marquer tous les traits du Viſage.   L'Inſcription latine fait aſſez voir qu'il a voulu qu'on ſçut ou qu'on crut que cette Pieçe êtoit Vnique dans ſa maniere; On y voit au deſſous ces Paroles, *&* *non Alter*.

Parmi les ſtatuës de la Gallerie *Iuſtiniani*, qui ſe trouvent, dans l'Academie de Sandrat, on y voit une Venus couchée, gravée en 1678. par *Thourneyſer* de Bâle, qui paroit être dans le même Goût; car l'Ombre tant de la Figure que du fond même, n'eſt que d'un ſeul trait, qui croiſe en rond, & qui s'enfle plus ou moins. Ce Morceau vaut bien celui *de Mellan*, je n'ai pû decouvrir lequel de deux a paru le premier.

L'Enfant qui faiſoit ſi bien le Portrait au Paſtel, a gravé dans le Gout de *Mellan*; il en a été le Diſciple.

Robert Nanteuil, faiſoit des Portraits fort reſſemblans au Paſtel, enſuite il les gravoit d'une exellente maniere. Il a reçu 100 Louis d'or pour le portrait du Roi en Paſtel. Comme ce portrait ſe refaiſoit tous les Ans; on pouvoit remarquer la difference que cet intervalle de têms aportoit à

la

la Reſſemblance du Prince.   Perſonne a-
vant lui n'avoit oſé penſer à graver d'auſſi
grands Portraits que cet habile homme;
dans la juſte crainte d'echouër dans une pa-
reille entrepriſe.   Les plus habiles Graveurs avoient juſqu'à ce têms enviſagé comme une choſe impoſſible, de bien répré-
ſenter avec le ſeul blanc du papier, & le
ſeul noir de l'Ancre, toutes les autres Couleurs dans les Portraits qui paſſent une cer-
taine grandeur.   En effet dans la plûpart
des grands Portraits gravée, qui ont paru;
le teint y paroit plombé, les jouës livides,
les Levres violettes, ces Portraits reſſemblent plûtôt à des hommes noÿez, qu'à
des hommes vivans ; mais dans les grandes Eſtampes de *Nanteuil*, on croit y voir
la Couleur naturelle du teint, le Vermeil
des Jouës & le Rouge des Levres: Lorſqu'un portrait en taille douce, n'a que la
petiteſſe uſitée ; L'Imagination de celui qui
le regarde ; ſupplée aiſement à ces Coul-
leurs; l'Imagînation ne ſauroit produire
le même effet dans les Grands.   C'eſt a-
vec cet heureux ſuccez, que nôtre habile
Nanteuil a gravé la Reine Mere, le Cardinal Mazarin, le Duc d'Orleans, le Dau-
fin en grand & en petit.   Il mourut dans
ſa 48 Année; il eſt tout a fait ſurprenant
qu'aïant

qu'aïant vecu fi peu, il ait pu faire tant
des portraits au paftel, & quil ait pû
en graver un auffi grand nombre.   On a
de lui plus de 250 Eftampes, il eft à remarquer que tous ces portraits font fans
mains; On en peut voit le Catalogue dans
le T. 1. de Fl. de Comte; allegué ci deffus.

Antoine Maffon, avoit un Burin ferme
& agreable; on regarde comme des Chef-
d'Oeuvres de Gravûre, fes *Difciples d'E-
mäus*, quil a gravés pour le Roi; on dif-
tingue les portraits du Dur *d'Harcourt*, de
Brifonier & d'autres; il s'etoit fait une maniere particuliere de graver ordinairement
c'eft la Main qui agit fur laplanche, & qui conduit le Burin, pour donner au trait la forme,
qu'on y veut exprimer; Lui au contraire
tenoit fa Main droite fixe, & avec la main
gauche,   il tournoit la planche fuivant le
fens que la Taille exigeoit.   On dit qu'il
avoit été Armurier; il étoit poffible, qu'il
s'eft acoutumé à cette Maniere, en gravant
fur les Canons des Fufils.

Gerard Audran, eft auffi un des Maitres françois qui a gravé avec le plus de
correction, de force & de gout.   Les
quatre planches des Batailles d'Alexandre,
qu'il a gravées pour Louïs XIV. d'après
les

les Desseins de M. le Brun, suffisent pour eterniser son Nom; on pretend que le Dessein de ces planches est plus correct que celui des Originaux. Il a aussi gravé de très beaux Morceaux d'après le Poussin, Mignart & d'autres. Il a eu deux Neveux *Benoit & Iean Audran*, qui ont été ses Eleves, & qui se sont distingués dans cet Art. *Benoit Audran* grava entr'autres en petit les figures pour le Roman de *Daphnis & Chlöé* en 29. Morceaux, inventez & peints par feu S. A. R. M. le Duc d'Orleans Regent du Royaume. On n'en tira qu'un petit nombre d'Exemplaires, que S. A. distribua à ses amis.

Le Chevalier *Gerard Edelinck* étoit d'Anvers, Louïs XIV. l'attira en France par ses bien faits. Il grava pour le Cabinet du Roi; la sainte Famille d'après Raphäel; la Famille de Darius d'après le Brun; la Madelaine d'après le même; & les portraits de Champagne, qu'il appelloit le Triomphe de son Burin; On admire dans ses Ouvrages une pureté de Burin, une fonte & une Couleur admirable. Il a egalement reüssi dans tous les portraits qu'il a faits de la plus grande partie des hommes illustres de son siecle.

Sebastien le Clerc, Chevalier Romain, Dessinateur & Graveur du Cabinet du
Roi,

Roi, étoit natif de Metz, après Callot il a le mieux reüffi, que qui que ce foit dans les petites figures.　　Les Graveurs ausfi bien que les peintres fe diftinguent ordinai-ment feulement dans quelques parties de leur Art; Mais tout eft egal à le Clerc, Sujets d'hiftoires, Animaux, Plantes, Me-dailles, Architecture, païfages, il étoit fur-tout très heureux dans les fites, qu'il favoit leur donner, en un mot il embraffoit tout; il a beaucoup travaillé, aufli peut on le mettre au rang des plus laborieux. (y) Vallemont compte jufqu'à 4000. Morceaux gravez de fa Main,　& ce qui contribuë beaucoup à fa Reputation, prefque tous de fon Inven-tion.　Il merite ausfi un rang diftingué par-mi les Auteurs, puisque il a publié plufieurs beaus traités fur la géometerie, l'Architectu-re; la perfpective & l'Aftronomie, les figu-res qui embelliffent les dits Ouvrages font de font Burin.

Pierre Drevet, pere & fils, fe font ren-dus Illuftres dans la gravure par la beauté, l'agrement & la delicateffe de leurs Burins; ils ont pouffé ces qualités à un degré fi fin,

que

(y) Eloge de Mr. le Clerc &c, Paris. 1715. p. 186.

que leurs Ouvrages font l'etonnement &
l'admiration de tous les Connoiſſeurs ; ils
ont ſur tout reüſſi dans les portraits, gravés après Rigaud. Celui de Madame de Ne-
mours fait par le pere paroit un prodige de
l'Art; On diroit qu'on y aperçoit tous les
Coloris au travers du noir ; il y en a de
Pierre Drevet le fils dans le même gout, le
portrait de M. Boſſuet dù même graveur,
ſe vend à Paris 5 Louis d'or.

Claude Drevet, Couſin du dernier & E-
leve de tous deux, paſſe maintenant pour
le plus habile Graveur, qu'il y ait actuellement á Paris.

Voila une Hiſtoire abregée de l'Origine de la gravure, Art qui merite certainement d'être connu à cauſe de ſa beauté; On
a ausſi donné autant qu'il a été poſſible une
Idée des principaux graveurs. Faire connoitre un Art, ou une ſcience dans ſon Origine, & dans ſes progrez, c'eſt encourager
ceux qui ont un deſir de s'y adonner; c'eſt
leur inſpirer de l'Ardeur pour la perfection.
Il faut être dominé par un certain degré de
ſtupidité, pour ignorer l'utilité des Arts,
& des Sciences, pour ne pas ſavoir que
les uns & les autres contribuent beaucoup
au bien de la Societé, c'eſt par eux que
méme les Metiers, dont on ne ſauroit ſe

                    paſ-

paſſer. aquierent un certain degré de perfection, combien de commodités ne procu-
rent ils point ? même ceux qui du premier re-
gard paroiſſent plus agreables qu'utiles.

Outre les graveurs, que nous avons in-
diqués, il y en a encore pluſieurs autres morts
ou uivans très diſtingués & recommanda-
bles, dont nous n'avons pû, faute de Memoires, parler; il peut être que pluſieurs
nous ſont entierement inconnus. Nous
avons aſſuré à l'alemagne l'Invention de cet
art, qui ſe glorifie deja avec fondement de
pluſieurs autres très belles & très utiles
decouvertes; mais auſſi nous avons fait
voir que c'eſt en France, que la graveure
a aquis ce degré de perfection, dont elle
jouït; il y a beaucoup d'apparence qu'elle
ſe ſoutiendra long têms dans ce Royaume;
à cauſe du grand nombre de bons maîtres qui
reſident à Paris, & qui ne peuvent que for-
mer pour long têms de bons Diſciples. Une
noble Emulation eſt en general aſſez le par-
tage des Francois; mais nier que les Allemans poſſedent auſſi cette belle diſpoſition;
c'eſt revoquer en doute la Clarté du Soleil.
Si l'on a quelquefois appellé un peu trop
legerement les Allemans les ſinges des
Francois on peut dire c'eſt lorſqu'ils les ont
enviſagez comme des modeles propres pour
les

les Manufactures, & dans les Metiers; Berlin peut decider si dans ces rencontres, ils ne les ont pas egalisé & même surpassé. Nous avons tout lieu d'esperer que cette Ville va rester en possession d'une bonne partie du goût; qu'elle sera à l'avenir visitée aussi bien que Paris. Des *Maupertuis*, des *Eulers* y ont fait connoitre l'utilité de la sublime Mathematique, des *Eller*, des *Pott*, des *Margraf* les avantages de la physique exprimentale & de la chimie, les *Algarotti* & les *Formey* ont arraché les Epines, qui rendoient l'etude de la Philosophie, sur tout de la Metaphisique peu agreable, les *Pelloutiers*, les *Heinius* debrouillent l'ancienne Histoire, les *Pesnes* detruisent le goût gothique qui regnoit dans Peinture. &c.&c.

Appendice.

Dans le corps de l'ouvrage on a déja dit, qu'on auroit tort de croire, qu'on revoque en doute le merite de plusieurs celebres Graveurs, sous pretexte qu'on n'en parle point; combien de savans qui echapent à la connoissance des hommes même les plus distingués dans les Arts & dans les siences? Nous sommes disposés de reparer cet oubli, si l'on veut bien nous fournir de bons

me-

memoires, en attendant voici deux ou trois articles, que nous aurions inferé dans leur place, fi nous y avions penfé plutôt,

Tobie Stimmer de Schafhoufe en fuiffe, a tenu dans fon tems un rang diftingué, non feulement parmi les Peintres, mais auffi parmi les Graveurs en bois; il a travaillé à Francfort fur le Mein, à Strasbourg, & chez le Marcgrave de Bade; Parmi un grand nombre d'Eftampes en bois, qu'il a publiées depuis 1570. jufqu'en 1590. celles de la Bible qui parurent en 1586. ont un merite particulier, *Rubens* en a fait un bel Eloge, lors qu'il dit un jour à *Sandrat* qu'il avoit beaucoup profité dans l'etude de ces Eftampes; *Sandrat* appelle auffi ce Livre un Trefor de fiences pour la Peinture.

Arnold von Wefterhout, celebre Graveur allemand pour les grandes pieces d'hiftoire, eft mort à Rome depuis quelques années, il y ètoit en grande Reputation, il a fait un Eleve nommè *Jacob Frey*, fuiffe de naiffance & Tonnelier de fa premiere profeffion, celui ci a pareillement porté la Gravure pour les grands morceaux, à un haut point de perfettion, fes Ouvrages font fort recherché & fe paient bien à Rome.

Jan

Jan van der Schley, Graveur à Amsterdam est un digne Eleve de Picart le Romain, mort dans cette celebre ville.

I. C. François Lorrain, Graveur à Paris, se fait aussi connoitre pour les portraits, il vient de graver celui de l'Archiduc Joseph, pieces estimé des connoisseurs.

En rendant à *Mr. George Friderich Schmidt* de Berlin, la justice qui lui est duë, j'aurois dû indiquer les portraits, qu'il a faits de l'Archéveque de Cambrai, du Comte d'Evreuse, de celui de la Tour, Peintre, & de Silva Medecin ; je l'ai déja dit que son portrait de Mignard, a été gravé pour être reçu Membre de l'Academie de peinture de Paris ; Tous es graveurs qui souhaitent d'être admis dans cette celebre Ecóle, présentent ordinairement le portrait d'un Peintre ou d'un Sculpteur membre de cette Academie ; c'est en consequence de ce reglement ou de cette coutume que

Jean Daillé a gravé le portrait du fameux peintre Rigaud.

Philippe le Bas, celui de P. J. Caze Peintre.

Bertrand l'Epicié, celui de Nicolas Bertin Peintre.

J. B. Poilli, celui de François Troy Peintre.

An-

Antoine Trouvain, celui de Jean Jouvenet Peintre.

Des Rochers, celui de François Verdier Peintre.

Laurent Caro, celui de Michel Anguier Sculpteur.

Louis Suruge, celui de Simon Guillain, Sculpteur, Recteur de l'Academie.

Jean Audran, celui de Coifevox Sculpteur.

Charles Dupuis, celui de Nicolas Couftou Sculpteur.

Le choix que l'Academie à fait de ces Graveurs, ce choix, dis je, parle en leur faveur, ainfi je n'en dirai pas d'avantage; loin d'ici, ceux qui dominés par une noire envie, ne cherchent qu'à ébranler la Reputation des perfonnes diftinguées dans leur Talent; repondre à des gens de ce caractere, c'eft fouvent leur faire trop d'honneur; fur tout quand ce font des perfonnes, qui veulent raifonner fur des matieres, qui ne font pas de leur competence; ils en jugent comme un Aveugle des couleurs; *Apelles* leur difoit: *Ne futor ultra crepidam.*

Errata: Pag. 14. l. 14. pour carrée, lifez carriere.
20. l. 9. pour Architur, - Architec.

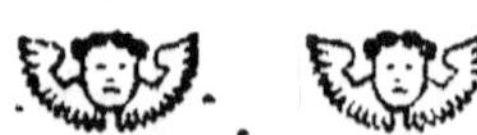